보글보글
열 단어 한국사 라면

글 양화당

햇살 좋은 사무실에서 어린이책을 기획하고 집필하는 일을 하고 있습니다.
어린이들이 재미있게 읽으면서 마음의 양식으로 삼을 수 있는 따뜻하고
영양가 있는 책을 많이 쓰고 만드는 게 꿈이랍니다.
쓴 책으로 〈K탐정의 척척척 대한민국〉 시리즈, 〈새콤달콤 열 단어 과학 캔디〉
시리즈, 『신비아파트 공부 귀신 1. 발명품이 사라졌다!』 등이 있습니다.

그림 김유대

대학에서 시각 디자인을 공부했고, 서울일러스트공모전에서 대상을,
한국출판미술대전에서 특별상을 받았습니다.
그린 책으로 『왜 땅으로 떨어질까?』, 『무에타이 할아버지와 태권 손자』,
『모모와 코딩 로봇의 이상한 여행』, 『도와줘요, 뼈다귀 아저씨!』,
『전국 2위 이제나』 등이 있습니다.

감수 서울대학교 뿌리깊은 역사나무

역사 연구와 역사 교육의 성과를 널리 알리기 위해 서울대학교 역사교육과
김태웅 교수와 대학원생들이 만든 모임입니다. 학교 선생님, 학생 그리고
역사에 관심 있는 시민들과 더불어 오늘의 역사 교육 문제를 풀어 가고자
노력하고 있습니다.

보글보글 열 단어 한국사 라면_2 백제·신라·가야

초판 1쇄 발행 2024년 9월 9일 | 초판 2쇄 발행 2024년 12월 16일
글 양화당 | 그림 김유대 | 감수 서울대학교 뿌리깊은 역사나무
발행인 이봉주 | 편집장 안경숙 | 편집관리 윤정원 | 편집 이혜진, 금민선 | 디자인 알토란
마케팅 정지운, 박현아, 원숙영, 김지윤, 황지영 | 제작 신홍섭
펴낸곳 (주)웅진씽크빅 | 주소 경기도 파주시 회동길 20 (우)10881
문의 전화 031)956-7440(편집), 031)956-7569, 7570(마케팅)
홈페이지 www.wjjunior.co.kr | 블로그 blog.naver.com/wj_junior | 페이스북 facebook.com/wjbook
트위터 @new_wjjr | 인스타그램 @woongjin_junior
출판신고 1980년 3월 29일 제406-2007-00046호 | 제조국 대한민국 | 사용연령 7세 이상

글 ⓒ 양화당, 2024 | 그림 ⓒ 김유대, 2024
저작권자와 맺은 특약에 따라 검인을 생략합니다.
ISBN 978-89-01-27984-8, 978-89-01-27982-4(세트)

• 잘못 만들어진 책은 바꾸어 드립니다.
웅진주니어는 (주)웅진씽크빅의 유아·아동·청소년 도서 브랜드입니다. 저작권법에 의해 한국 내에서 보호를 받는 저작물이므로 무단 전재와 무단 복제를 금지하며, 이 책 내용의 전부 또는 일부를 이용하려면 반드시 저작권자와 (주)웅진씽크빅의 서면 동의를 받아야 합니다.

⚠️주의 1. 책 모서리가 날카로워 다칠 수 있으니 사람을 향해 던지거나 떨어뜨리지 마십시오. 2. 보관 시 직사광선이나 습기 찬 곳은 피해 주십시오.

보글보글
열 단어 한국사 라면

2 백제·신라·가야

양화당 글 | 김유대 그림

웅진주니어

열 단어를 찾아서 Go, Go!

백제

우린 라면에 꼭 필요한 사총사. 난 불!

100	11
한강	15
근초고왕	19
구다라	23
박사	27
스파이	31
무령왕릉	35
남부여	39
서동요	43
황산벌	47

우린 젓가락, 물, 냄비!

신라

여섯 마을	57
가배	61
꼴찌	65
호국 불교	69
순수비	73
화랑도	77
여왕	81
김춘추	85
통일 전쟁	89
황금의 나라	93

가야

수로왕	103
금관가야	107
철기 공장	111
핫 플레이스	115
휘청휘청	119
대가야	123
가야 미인	127
가야금	131
개인 나라	135
도미노	139

하나

 백제의 원래 이름은 십제였어.
왜 백제로 이름을 바꿨을까?

1 10 다음에 1000은 이상하니까

2 꿈에 100마리의 제비가 나타나서

3 옛날엔 100이 크다, 많다는 뜻이라서

4 백발의 할아버지가 이름을 지어서

3 옛날엔 100이 크다, 많다는 뜻이라서

큰 나라, 백제는 고구려에서 시작되었어.

백제가 세워진 이야기를 들어 볼래?

비류와 온조는 고구려를 세운 주몽의 아들이었어. 아버지 주몽을 도와 열심히 고구려를 지켰지. 그러던 중 부여에서 자란, 주몽의 첫째 아들이 고구려에 왔어.

비류와 온조는 고구려를 떠나 새 나라를 세우기로 했어.

어머니를 모시고 신하 열 명과 함께 남쪽으로 향했지.

그러다 한강 부근에 도착했어.

온조는 한강이 바라다보이는 위례성(하남 부근)이 딱 마음에 들었어.
비류는 서해가 가까운 미추홀(인천)이 더 마음에 들었지.

비류와 온조가 세운 두 나라는 어떻게 되었을까?
① 둘 다 망했다.   ② 서로 싸웠다.   ③ 한 나라가 됐다.

3 한 나라가 됐다.

미추홀에 도읍을 정한 비류는 후회하다 생을 마감했어.
"동생 말을 들을걸. 여긴 농사가 잘 안 돼."
한편 온조가 세운 나라 '십제'에는 많은 사람이 모여들었어.

온조는 비류의 백성들도 받아들여 두 나라는 하나가 되었어.
십제는 점점 커졌어. 따르는 백성들도 처음보다 열 배쯤 많아졌어.

드디어 백제의 역사가 시작됐어.

한강

백제의 첫 도읍이 들어선 곳이야.
백제 사람들은 도읍을 뭐라고 불렀을까?

1 비밀의 성

2 놀랍궁

3 용궁

4 위례성

4 위례성

울타리란 뜻을 가진 위례성이 백제의 첫 도읍이었어.
임금이 사는 왕성은 어디에 지었을까?

계획 1

몽촌토성을 왕성으로!

전략: 성 둘레에 도랑을 파고, 언덕에 나무 울타리를 세워 철통 방어를 한다.

자연적인 언덕을 이용해서 성을 만드는 게 경제적이죠.

음, 방어 전략이 좋은데?

한강

풍납토성

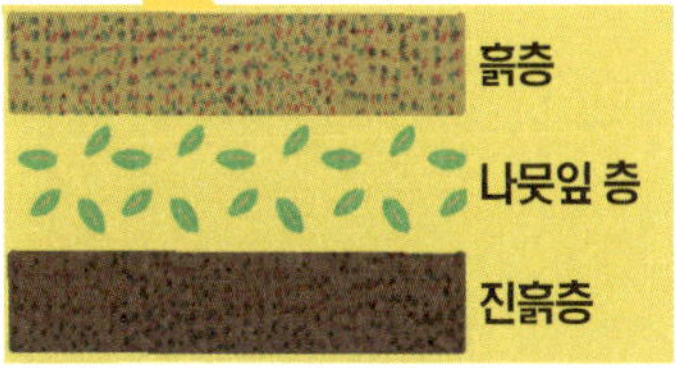

왕성이라면 뭐니 뭐니 해도 커야죠.

흙층
나뭇잎 층
진흙층

아이, 못 고르겠어.

계획 2
풍납토성을 왕성으로!
전략: 한강 바로 옆에 크게 자리를 잡고, 성벽을 여러 층으로 튼튼하게 쌓는다.

결국 한강 남쪽 두 곳에 성을 모두 지었어. 하지만 미스터리야. 두 성 중 임금이 어디서 지냈는지는 몰라.

한강 가까이에 왕성을 지은 까닭은 뭘까?
① 임금이 수영을 좋아해서   ② 배로 이동하기 좋아서

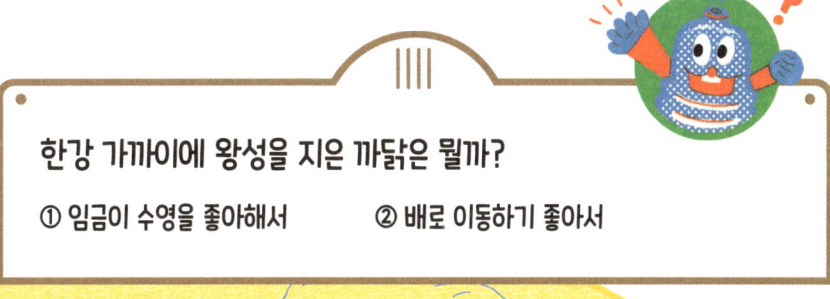

2 배로 이동하기 좋아서

한강은 서해로 이어져 있어.

한강을 통해 배를 타고 바다로 나가면, 중국으로도 갈 수 있었지.

백제는 바닷길을 통해 대륙에 있는 여러 나라와 교류하고,

나라를 발전시키는 데 도움이 될 책이나 새로운 물건들을 들여왔어.

이렇게 좋은 위치를 백제가 차지했으니,

백제는 이제 강한 나라가 될 준비가 됐지.

셋

근초고왕

 근초고왕은 백제에서 가장 바쁜 임금이었어.
왜 바빴을까?

1 근육을 키우려고 운동하느라

2 초등학교 고학년이라

3 그냥 바쁜척 하느라

4 땅을 넓히느라

4 땅을 넓히느라

근초고왕은 백제의 땅을 가장 크게 넓힌 임금이었어. 맨 먼저 북쪽으로 세력을 넓혔지. 그러자 369년, 고구려 고국원왕이 백제로 쳐들어왔어.

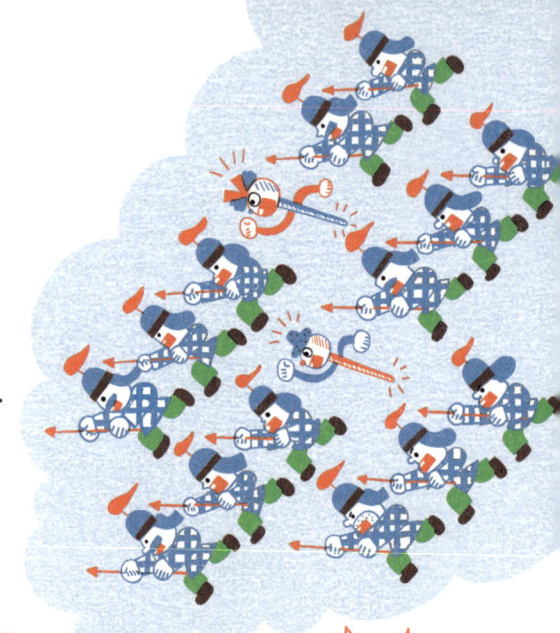

감히 우리 땅을 넘봐? 태자야, 네가 가서 혼쭐을 내거라.

네!

태자는 군사를 이끌고 달려가 고구려군 5천 명을 사로잡았어. 2년 뒤, 또다시 고구려군이 공격했어. 이번엔 근초고왕이 직접 나섰어.

숨어서 기다려라! 고구려군이 도착하면, 일제히 기습 공격을 시작한다!

근초고왕의 계획대로 백제군은 이번에도
고구려군을 물리쳤어.
말을 탄 기병과 철로 만든 무기 덕분이었지.
근초고왕은 여기서 멈추지 않았어.

평양성에 도착한 백제군의 사기는 하늘을 찌를 듯했어.
그때 근초고왕이 고구려 임금을 향해 활을 당겼어.

고구려 고국원왕이 죽자, 고구려군은 더 이상 싸울 엄두를 못 냈지.
비록 평양성을 빼앗지는 못했지만, 근초고왕의 용맹함은
세상에 널리널리 퍼졌어.

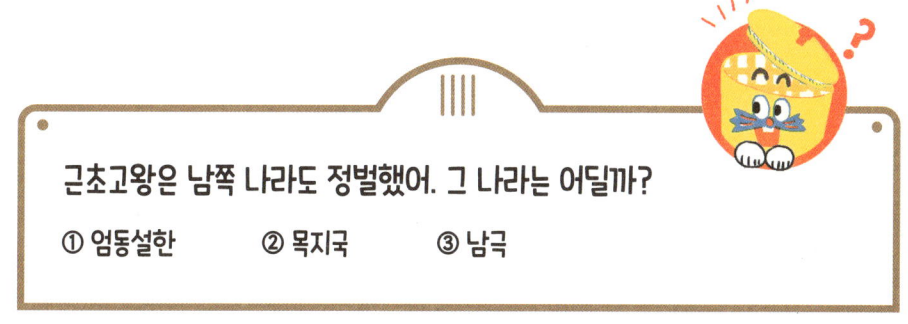

근초고왕은 남쪽 나라도 정벌했어. 그 나라는 어딜까?
① 엄동설한　　② 목지국　　③ 남극

2 목지국

근초고왕이 마한의 목지국을 비롯해 다른 여러 나라를 정벌해 충청도, 전라도 지역이 모두 백제 땅이 되었어.

중국과 고구려 사이에 있는 요서 지방을 공격해 그곳도 백제 땅으로 만들었지.

근초고왕은 일본 사신에게 비단과 쇠뿔로 만든 활 등을 주며, 백제가 강하다는 것도 보여 줬어.

구다라

넷

구다라는 일본에서 백제를 부르던 말이야.
무슨 뜻일까?

1 큰 나라

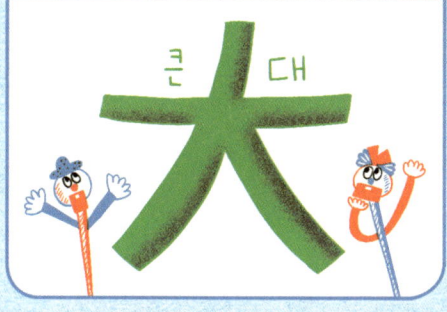

2 구두처럼 생긴 나라

3 구십 살 먹은 어른

4 귀여운 사람

1 큰 나라

백제는 중국에서 들여온 앞선 문물을 일본에 전해 줬어.
그러자 일본은 백제를 '큰 나라'라는 뜻의 '구다라'라고 불렀어.

- 난 쇼토쿠 태자의 초상화를 그려 줬지. — **아좌 태자** 
- 난 금동 향로를 만들어 줬어. — **금속 공예 장인 백매순** 
- 난 '아스카데라'라는 절을 만들었지. — **기와 장인 아무개** 
- 난 불교를 전해 줬어. (나무아미타불) — **귀족 노리사치계** 
- 난 『천자문』과 『논어』를 전해 주고, 한문을 가르쳤어. — **학자 왕인** 
- 난 일본 태자의 스승으로 왕인을 추천했지. — **학자 아직기**

일본은 이 문물을 받아들여 훗날 아스카 문화를 꽃피웠지. 일본은 문물을 받는 대가로 백제가 원하면 언제든지 군사를 보내 백제를 돕기로 약속했어.

근초고왕이 가야 땅을 빼앗은 뒤, 일본에 보낸 선물은 뭘까?
① 100송이 장미꽃　　② 가지가 일곱 개인 칼　　③ 다섯 가지 떡

2 가지가 일곱 개인 칼

근초고왕은 가지가 일곱 개인 칼, 칠지도를 일본에 선물했어.
칠지도는 쇠로 만들었는데, 모양이 나무 같기도 해서 무척 신비로웠어.
칼에는 일본 임금에게 보내는 글도 새겼어.

先世以來未有此刀百濟王世子奇生聖音故爲倭王旨造傳示後世

무쇠를 100번이나 두들겨서
칠지도를 만들었소.
이 칼은 재앙을 피할 수 있는 신성한 칼이오.
어느 누구도 이런 칼을 만든 적이 없는데,
백제의 임금인 내가 이 귀한 칼을 만들어
선물하니, 길이길이 후손에게 남기길 바라오.

영광이므니다!

이처럼 백제는 일본에 새로운 문물을 전해 주며,
일본의 발전에 큰 영향을 끼쳤어.

박사

백제에서는 실력이 뛰어난 전문가를 '박사'라고 했어.
그중 오경박사는 어떤 사람일까?

1 안경을 잘 만드는 사람

2 오감의 능력이 뛰어난 사람

3 유학을 잘 아는 사람

4 박사 학위가 5개인 사람

③ 유학을 잘 아는 사람

 박사 모임방 🔍 ≡

📢 백제 박사 모임 공지: ○월 ○일 ⌄

책 보는 오경박사

백제의 여러 박사들, 잘들 지내는가?
난 유학의 다섯 경전인 오경을 일본에 전해 주느라 바빴네.
역박사랑 의박사는 별일 없고?

 밤하늘 보는 역박사

요즘 별자리가 심상치 않아.
나라에 좋지 않은 일이 일어날까 봐
우리 역박사들은 걱정이 많아.

 환자 치료하는 의박사

우리 의박사들은 항상 병자들 걱정뿐이지.
환자들 병을 고치는 틈틈이 쓴 의학책이 나왔네.

이번에 쓴 『백제신집방』이야.

 기와 굽는 와박사

축하하네. 요즘 유행하는 기와 보여 줄까? 내가 만든 거야.

우리 가마에서 구워 낸 연꽃무늬 수막새라네. 어떤가?

 탑 만드는 노반박사

와박사의 솜씨는 정말 최고야!
자네들, 내가 세운 탑 보았나? 노반 만드느라 고생깨나 했지.
노반은 탑 꼭대기 부분을 말한다네.

노반과 위쪽 장식을 만들려면 아주 섬세한 기술이 필요하지.

책 보는 오경박사

역시 백제 장인들의 실력은 외국까지 소문날 만해!

신라가 백제에 탑을 만들 장인을 보내 달라고 했어. 누가 갔을까?
① 콩비지　　② 아비지　　③ 아오지

2 아비지

어느 날 백제에 신라 사신이 찾아왔어.

신라 사신은 백제 임금에게 보물과 비단을 바치면서 부탁했어.

"신라에 큰 탑을 지으려고 합니다. 최고의 장인을 보내 주세요."

백제 임금의 명으로 아비지는 2백여 명의 장인과 함께

신라로 가 탑을 만들었어.

내가 만들었소!

백제의 솜씨는 정말 대단해!

이 탑은 황룡사에 있어서 황룡사 9층 목탑이라고 불렸어.

탑은 고려 때 불타 없어졌지만, 백제 장인 아비지의 이름은 오래오래 남았지.

여섯

스파이

백제 임금에게 고구려 스파이가 접근했어.
스파이는 무엇을 했을까?

1 맛있는 요리로 임금 살찌우기

2 임금의 바둑 친구가 되어 일 방해하기

3 밤마다 귀신 분장해서 임금 괴롭히기

4 임금의 비밀 창고에서 보물 훔쳐 가기

2 임금의 바둑 친구가 되어 일 방해하기

고구려 장수왕이 백제의 한강 유역을 호시탐탐 노렸어.

백제의 개로왕은 위협을 느끼고 중국 북위 임금에게 편지를 보냈어.

개로왕이 한 일을 전해 들은 장수왕은 크게 화가 났어.

도림은 개로왕이 좋아하는 바둑을 이용해 개로왕에게 접근했어.

개로왕은 날마다 도림과 바둑을 두며 나랏일을 게을리했어.

폐하, 궁궐에 급한 일이….

바둑이 더 급해.

게다가 도림이 하는 말은 뭐든 믿고 따랐지.

당장 공사를 시작하라!

궁궐을 크고 근사하게 지으면, 더욱더 존경받으실 거예요.

작전 성공! 고구려에 알려야지!

백제는 궁궐을 짓느라 나라의 창고가 텅텅 비어 갔고, 백성들은 굶주림에 시달렸어. 나라가 큰 혼란에 빠졌어.

도림이 고구려로 돌아간 뒤, 백제에 무슨 일이 있었을까?

① 개로왕이 새 바둑 친구를 구했다.   ② 고구려군이 백제로 쳐들어왔다.

2 고구려군이 백제로 쳐들어왔다.

도림의 보고를 받은 장수왕은 군대를 이끌고 백제의 도읍 위례성까지 쳐들어왔어. 개로왕은 성을 지키다 고구려군에 목숨을 잃고 말았어. 이제 백제는 도읍도 잃고, 5백여 년간 지켜 온 한강 유역도 빼앗겼어.

"스파이 때문에 이 꼴이 되다니!"

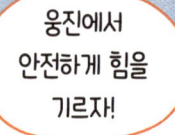

"웅진에서 안전하게 힘을 기르자!"

개로왕의 아들, 문주왕은 남쪽으로 내려가 지금의 공주 지역인 웅진을 새로운 도읍으로 정했지. 백제는 웅진에서 새로운 시대를 준비했어.

무령왕릉

 무령왕릉은 특별한 백제 무덤이야.
왜 특별할까?

1 백제에서 유행한 방식이 아니어서

2 일본 과자가 많이 들어 있어서

3 왕과 왕비가 미라로 남아 있어서

4 저주를 받았다는 소문이 있어서

1 백제에서 유행한 방식이 아니어서

무령왕은 두 번째 도읍인 웅진에서 나라를 잘 다스렸어.
중국 양나라에 사신을 보내고, 새로운 문물도 받아들였지.
무령왕이 죽자, 사람들은 중국에서 유행하는 방식으로
무덤을 만들고, 그 안에 주변 나라에서
들여온 보물들을 넣었어.

우리나라 최초로
벽돌을 쌓아 만든 무덤

무령왕과 왕비가 저승 갈 때
노잣돈으로 쓸 중국 돈

중국의 장례 풍습을 따라 만든
무덤을 지키는 돌짐승

1 새로운 뱃길을 개척해서 가져왔다.

백제는 지금의 부안 지역인 기벌포에서 출발하여 서해를 가로질러 중국으로 가는 빠른 뱃길을 찾아냈어. 일본으로 갈 때도 기벌포에서 출발했지. 이곳에서 뱃길이 안전하길 비는 제사도 지냈어.

새로운 바닷길 덕분에 백제는 다시 외국과 활발히 교류하고, 여러 나라의 문화를 받아들이며 나라의 힘을 키웠어.

여덟

 백제가 사비로 도읍을 옮기고 바꾼 나라 이름이야.
남부여는 무슨 뜻일까?

1 남쪽에 있는 부여

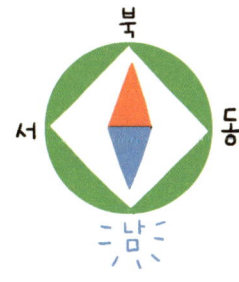

2 남쪽 미인들의 나라

3 남부럽지 않게 사는 나라

4 남들은 모르는 비밀의 나라

① 남쪽에 있는 부여

무령왕의 뒤를 이은 성왕은 다른 나라들과
교류하며 힘이 생기자, 도읍을 옮길 계획을 짰어.

내 꿈을 펼치기엔 사비가 딱이야.

왕궁

쭉 뻗은 도로

왕궁 남쪽에 있는 연못 궁남지

적이 쳐들어오면 대피할 부소산성

금강

사비는 지금의 부여로 넓은 평야가 있고,
금강을 통해 바다로 나갈 수 있어 다른 나라를 오가기도 쉬웠어.
성왕은 이곳에 궁궐을 지었어.
도시 전체를 둘러싼 나성까지 완성하니 제법 도읍의 모습을 갖추었지.

538년, 성왕은 도읍을 사비로 옮긴 뒤,
새 나라를 선포하고 꿈을 펼칠 준비를 끝냈어.

성왕의 꿈은 무엇이었을까?
① 아시아 정복   ② 고구려에 빼앗긴 한강 되찾기

2. 고구려에 빼앗긴 한강 되찾기

고구려가 왕권 다툼으로 혼란에 빠지자, 성왕은 신라와 손을 잡고 고구려 땅으로 쳐들어갔어. 그리고 옛 도읍이었던 한강 유역을 빼앗았어.

그런데 기쁨도 잠시, 신라가 한강 하류를 공격해 왔어. 성난 성왕은 백제군을 이끌고 나섰지만, 신라군의 칼 아래 쓰러지고 말았지. 그 뒤 남부여라는 나라 이름은 다시 백제로 바뀌었고 백제 부흥의 꿈도 사라질 위기에 처했어.

서동요

 백제 무왕과 신라 공주의 이야기를 담은 노래야.
신라 공주는 누굴까?

1 배추 공주

2 엄지 공주

3 선화 공주

4 백설 공주

3 선화 공주

서동은 신라 진평왕의 셋째 딸인 선화 공주가 예쁘다는 이야기를 듣고 신라로 갔어.

서동은 꾀를 냈어. 아이들에게 마를 나누어 주며 〈서동요〉를 부르라고 시켰지.

〈서동요〉는 궁궐까지 퍼졌고, 화가 난 진평왕은 선화 공주를 내쫓아 버렸어.

서동은 선화 공주를 데리고 백제로 돌아왔어. 그리고 둘은 결혼했지.

훗날 서동은 백제의 무왕이 되었고, 선화 공주는 백제의 왕비가 되었대.

라면 법

이 이야기는 진실일까, 거짓일까?

증거 1: 진평왕에게는 딸이 두 명 있었는데, 선화 공주라는 딸은 없었어.

증거 2: 미륵사지 석탑에서 나온 기록에는 무왕의 아내가 백제 귀족인 '사택적덕의 딸'이라고 적혀 있어.

증거 3: 백제의 성왕이 신라군 손에 죽고 난 뒤로 두 나라는 원수 관계였어. 두 나라 왕족이 결혼하는 건 불가능해.

결론: 무왕과 선화 공주의 이야기는 거짓일 확률이 더 커!

백제와 신라가 결혼 동맹을 맺은 적이 있었어. 왜 그랬을까?
① 힘을 합쳐 다른 나라를 무찌르려고   ② 우주를 정복하려고

1 힘을 합쳐 다른 나라를 무찌르려고

백제는 동성왕 때 힘센 고구려를 막기 위해 신라와 동맹을 맺었어.

백제와 신라는 다시 적이 되었어. 신라는 백제에 점점 위협적인 존재가 됐어.

황산벌

백제가 신라군을 맞아 전투를 벌인 곳이야.
백제군을 이끈 장군은 누굴까?

1 황산벌을 지켜 주는 천하대장군

2 용맹하기로 이름난 계백 장군

3 지혜가 뛰어난 백발 장군

4 손이 꽁꽁, 발이 꽝꽝! 동장군

2 용맹하기로 이름난 계백 장군

신라가 당나라와 동맹을 맺어 힘을 키운 반면, 백제 의자왕은 술과 놀이에 빠져 나랏일을 게을리했지.

우리도 전쟁을 준비해야 합니다.

안 들려! 안 들려!
에헤라

아니나 다를까 신라군 5만, 당나라군 13만이 각각 사비성을 향해 쳐들어왔어.

계백 장군, 5천의 군사를 내어 줄 테니 황산벌로 가서 신라군을 막아 주시오.

병사들이여, 우리가 죽기를 각오하고 싸워야만 백제를 구할 수 있다! 모두 목숨을 걸겠는가?

네! 싸웁시다!

백제는 황산벌이 내려다보이는 산 위에 방어 시설을 세웠어.
드디어 신라군이 황산벌에 도착했어.
계백 장군이 이끄는 백제군은 피비린내 나는 네 번의 전투에서
네 번 모두 신라군을 막아 냈어.

그때 신라의 어린 화랑 관창이 혼자 백제군을 향해 달려왔어.
하지만 곧 붙잡혀 계백 장군 앞으로 끌려왔지.

계백 장군은 관창을 어떻게 했을까?
① 백제의 스파이로 훈련시켰다.　② 신라군 진영으로 돌려보냈다.

2. 신라군 진영으로 돌려보냈다.

계백 장군은 관창이 너무 어려 살려서 돌려보냈어.
하지만 관창이 또다시 백제군을 공격해 오자
더 이상 살려 둘 수 없었지.
어린 화랑의 죽음을 본 신라군은
분노가 하늘 높이 솟아 백제군을 공격했어.
결국 계백 장군의 군대는 모두 죽고 말았어.

황산벌이 뚫리자, 사비성은 순식간에 신라와 당나라 연합군에 함락됐어.
웅진성으로 도망갔던 의자왕도 잡혀 왔지.
660년, 백제는 결국 멸망했어.

백제는 ◯명의 신하가 있는 큰 나라라는 뜻이야.

백제의 첫 도읍은 ◯◯에 가까운 위례성이야.

백제 땅은 ◯◯◯왕 때 가장 넓었어.

일본에서는 문물을 전해 준 백제를 ◯◯◯라고 불렀지.

백제에서는 뛰어난 장인을 ◯◯라고 부르며 크게 대우했어.

백제는 고구려가 보낸 ◯◯◯ 때문에 한강을 잃었어.

하지만 주변 나라와 활발하게 교류한 흔적이 ◯◯◯◯에 남아 있어.

백제는 남◯◯로 이름을 바꾸고, 한강을 되찾기 위해 힘을 키웠지.

◯◯◯는 백제 무왕과 신라 공주의 이야기를 담은 노래야.

◯◯벌은 계백 장군이 신라군을 맞아 용감히 싸운 곳이야.

정답: 100, 한강, 근초고왕, 구다라, 박사, 스파이, 무령왕릉, 남부여, 서동요, 황산벌

하나

여섯 마을

신라는 여섯 마을에서 시작됐어.
여섯 마을은 어디에 있었을까?

1 넓은 평야가 있는 서라벌

2 딸랑 여섯 집만 있는 동네

3 용왕님이 사는 깊은 바닷속

4 망둑어가 뛰니, 꼴뚜기도 뛰는 갯벌

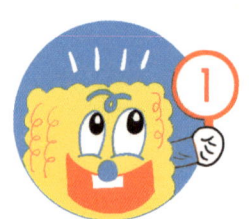

① 넓은 평야가 있는 서라벌

여섯 마을의 부족장들이 서라벌의 높은 산에 올랐어.

"우리 여섯 마을을 다스릴 임금이 필요해요."

"맞소. 임금이 있어야, 여섯 마을도 하나가 됩니다."

"임금의 자격은 누가 뭐래도 '덕'! 덕 있는 사람을 찾아봅시다!"

그때 나정이라는 우물 옆에서 하얀 말이
절을 하고 있는 게 보였어.
부족장들은 얼른 나정으로 달려갔어.

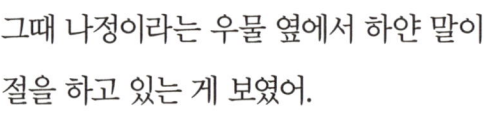

부족장들이 커다란 알을 만지자,
알에서 사내아이가 나왔어.

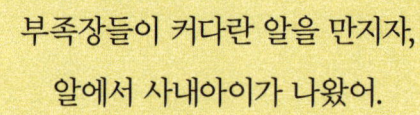

부족장들은 사내아이를 개울물로 깨끗하게 씻겼어.
그러자 하늘과 땅이 흔들리고, 해와 달이 더 밝아지지 뭐야.

해와 달이 더 밝아졌으니, 밝을 '혁' 자를 붙여 이름을 '혁거세'라고 하면 어떻소?

그럼 큰 알이 박을 닮았으니 성을 '박'씨로 합시다.

박혁거세는 13세가 되자, 같은 날 태어난 알영과 결혼했어. 그리고 여섯 마을을 모아 사로국이란 나라를 세웠지. 이때가 기원전 57년이야.

사로국 사람들은 박혁거세를 뭐라고 불렀을까?

① 대장　　② 거서간　　③ 킹왕짱

2 거서간

사로국 사람들은 임금인 박혁거세를 '존귀한 사람'이란 뜻의 거서간이라고 불렀어. 하지만 다음 임금부터는 차차웅, 이사금이라고 불렀어.

남해 차차웅 — 하늘에 제사를 지내는 임금이란 뜻.

유리 이사금 — 이가 많은 임금이란 뜻. 그래서 지혜도 많지.

사로국은 박씨, 석씨, 김씨 세 집안이 번갈아 나라를 다스렸어. 그러다 힘 있는 김씨 임금이 나타난 뒤로, 김씨가 나라를 다스리게 됐지. 이때부터 임금을 마립간이라고 부르기 시작했어.

내물 마립간 — 우두머리 중에 우두머리란 뜻이지!

둘

가배

신라 사람들의 가장 큰 가을 축제였어.
가배는 어떤 축제였을까?

1 가위바위보 놀이

2 실을 자아 옷감을 짜는 시합

3 세배하는 날

4 누가 누가 빠르나 달리는 경주

2. 실을 자아 옷감을 짜는 시합

음력 7월 16일부터 한 달 동안 사로국의 왕궁 마당에서는 가배가 열렸어. 왕녀 두 사람이 여인들을 두 편으로 나눠 길쌈 시합을 벌였지. 길쌈은 삼으로 실을 자아 옷감을 짜는 거야. 가배 마지막 날엔, 그동안 짠 옷감을 세어 우승을 가렸어.

진 편은 이긴 편에게 푸짐한 음식과
술을 대접했어. 시합에 져서 속상한 마음은
〈회소곡〉을 부르고 춤을 추며 달랬지.

달님, 내년에는 꼭
이기게 해 주세요.

이 음식은 다
햇곡식으로 만들어.

함께 즐기는 것.
이게 바로 가배를 연
뜻이라고!

사로국엔 길쌈 실력이 뛰어나다고 소문난 사람이 있었어. 누굴까?

① 세오녀   ② 베틀녀   ③ 골무녀

1 세오녀

설화 〈연오랑과 세오녀〉에 나오는 세오녀야.
어느 날 연오랑이 앉아 있던 바닷가의 바위가 움직이더니
일본으로 가 버렸어. 그 뒤 연오랑을 그리워하던
세오녀도 바위를 타고 일본으로 갔지.

그러자 사로국에서는 해와 달이 빛을 잃었어.

당장 연오랑과 세오녀를 모셔 오너라!

네! 네!

일본의 임금이 된 연오랑은 돌아갈 수 없다며, 세오녀가 짠 비단을 주었어.

이 비단으로 제사를 지내면 해와 달이 다시 빛날 겁니다.

연오랑의 말대로 하자,
정말 해와 달이 다시 빛을 찾았어.
세오녀의 비단은 사로국의 보물이 되었어.
이 이야기만 봐도 길쌈이 무척 중요했단 걸 알겠지?
가배는 그 뒤로도 쭉 이어져 오늘날 한가위가 되었어.

셋

꼴찌
2 1 3

 사로국은 삼국 중에 가장 꼴찌로 발전했어.
왜 이렇게 발전이 더뎠을까?

1 한반도 동남쪽 구석에 갇혀서

2 백성들이 일하지 않고 게을러서

3 식인종이 산다고 소문나서

4 꼴찌를 일 등보다 더 좋아해서

 ## 1 한반도 동남쪽 구석에 갇혀서

삼국 시대에는 중국과 가까운 나라일수록 앞선 문물을 빨리 받아들였어. 그래서 중국과 멀리 떨어진, 한반도 동남쪽에 있던 사로국은 발전이 늦었지. 지증 마립간은 꼴찌 탈출 계획을 세웠어.

지증왕은 이사부 장군에게 특별한 명령을 내렸어. 뭘까?

① 큰 고래를 잡아 와라.   ② 우산국을 정벌하라.   ③ 인어 공주를 찾아라.

2 우산국을 정벌하라.

우산국은 지금의 울릉도에 있던 작은 나라야.
물길이 사나워서 그동안 정벌은 꿈도 못 꿨지.
지증왕은 이사부 장군에게 우산국을 정벌하라고 명했어.

이사부 장군은 곧장 배를 몰아 우산국으로 갔어.

우산국 사람들이 벌벌 떨며 항복했어.
마침내 우산국은 신라의 땅이 되었지. 이로써 지증왕의 꼴찌 탈출 계획은 성공을 거두고 신라는 고구려, 백제와 어깨를 나란히 하게 되었어.

넷

호국 불교

신라의 불교는 호국 불교야.
무슨 뜻일까?

1 호국이라는 나라에서 들여온 불교

2 호빵이랑 국화빵만 먹는 불교

3 호호호 웃으면서 기도하는 불교

4 나라를 보호하는 불교

4 나라를 보호하는 불교

신라에서 불교가 나라를 보호하는 종교가 된 이야기를 들어 볼래?
신라는 부족마다 믿는 신이 달라서, 생각도 서로 달랐어.
그러다 보니 나라를 다스리기가 어려웠지.
법흥왕은 이들의 마음을 하나로 모으고 싶었어.
그때 고구려를 통해 들어온 불교가 떠올랐어.

앞으로는 석가모니를 모시는 불교만 믿어라! 다른 신은 안 돼!

반대요, 반대! 부족 신이 최고!

안 돼! 안 돼!

불교를 믿으면 부족 신이 약해지고 우리 힘도 약해질 텐데. 절대 반대!

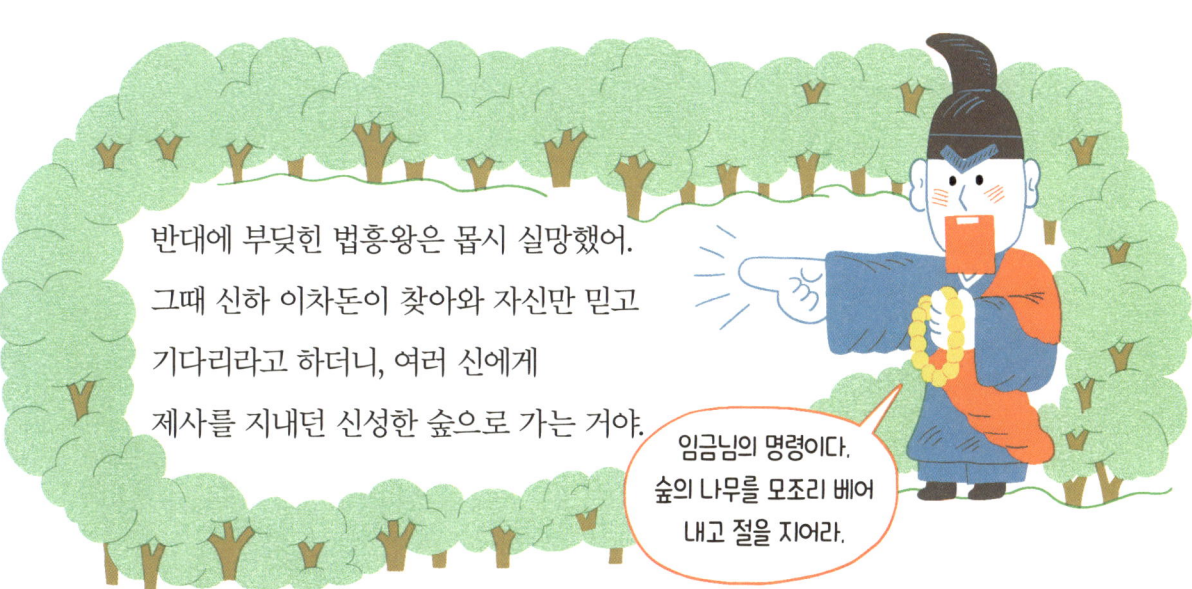

반대에 부딪힌 법흥왕은 몹시 실망했어.
그때 신하 이차돈이 찾아와 자신만 믿고
기다리라고 하더니, 여러 신에게
제사를 지내던 신성한 숲으로 가는 거야.

이 일을 알게 된 신하들이 벌떼처럼 일어났어.
법흥왕은 자신이 시킨 일이 아니라며 딱 잡아떼고,
이차돈을 벌하겠다고 약속했지.

이차돈을 죽이자 어떤 일이 일어났을까?
① 이차돈이 살아났다.　　② 이차돈의 목에서 흰 젖이 솟았다.

2. 이차돈의 목에서 흰 젖이 솟았다.

이차돈을 죽이자, 목에서 흰 젖이 높이 솟구쳐 오르고 땅이 흔들리며, 하늘에서 꽃비가 내렸어.

으악! 죄 없는 이차돈을 죽였다고 노하신 건가?

부처님 모습이 잠깐 보인 것 같은데?

이 일 덕분에 법흥왕은 불교를 나라의 종교로 정할 수 있었어.
곳곳에 절을 짓자, 신라 백성들은 누구나 절을 찾아 소원을 빌었지.
이때부터 불교는 신라를 보호하고 지키는 중요한 종교가 되었어.

커서 훌륭한 장군이 되게 해 주세요!

나무아미타불!

전쟁에서 죽은 병사들의 넋을 위로해 주세요.

전쟁 없는 세상에서 살게 해 주세요!

다섯

순수비

 진흥왕이 신라 땅에 세운 비석이야.
왜 세웠을까?

1 순수한 물을 발견하고 기뻐서

2 보물을 숨기고 나중에 찾으려고

3 순전히 수수께끼를 새기려고

4 땅을 넓힌 걸 기념하려고

4 땅을 넓힌 걸 기념하려고

진흥왕은 신라가 큰 나라가 되길 바랐어.
진흥왕이 맨 먼저 노린 곳은
한강 유역의 고구려 땅이었지.
마침 백제 임금이 고구려를 함께 공격하자고 했어.

진흥왕은 한강 상류를 차지한 뒤, 백제가 안심한
틈을 타 한강 하류도 정복했어. 그리고 한강이
보이는 북한산 비봉에 북한산비를 세웠어.

이번엔 신라 남쪽에 있는 가야를 노렸어.
이전 임금이었던 법흥왕이 결혼 동맹을 맺어
가야를 방심하게 만들어 놓았었지.

진흥왕은 결혼 동맹을 깨고 가야를 공격했어.
그리고 가야의 여러 나라를 차례로
정복한 뒤 창녕비도 세웠어.

진흥왕은 그다음에 어디를 노렸을까?
① 바다 건너 일본   ② 태평양 건너 미국   ③ 북쪽의 고구려 땅

3 북쪽의 고구려 땅

고구려가 돌궐과 싸우느라 힘이 약해져 있습니다.

지금이 기회야.

진흥왕은 고구려로 신라군을 보내 지금의 함경도 지역까지 정복했어. 이번에도 역시 황초령비와 마운령비를 세웠지.

여기가 다 신라 땅!

와!

황초령비
마운령비
북한산비
창녕비

고구려
신라
백제

이제 신라의 땅은 전보다 세 배쯤 넓어졌어. 진흥왕의 바람대로 신라는 큰 나라가 되었지.

여섯

화랑도

화랑도는 신라의 독특한 청소년 조직이야.
'화랑'은 무슨 뜻일까?

1 꽃 키우는 걸 좋아하는 남자

2 꽃처럼 화사하고 아름다운 남자

3 화가 아주 많은 성질 급한 남자

4 화가가 되기를 꿈꾸는 남자

# 2 꽃처럼 화사하고 아름다운 남자

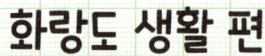
화랑도 생활 편

화랑과 화랑을 따르는 낭도들의 모임, 화랑도에 대해 알아보겠습니다. 사다함 화랑님, 화랑도에선 주로 무얼 하나요?

간단히 말하면, 신라의 인재가 되기 위한 훈련을 하지요.

계획표

함께 생활하고, 함께 훈련하며 끈끈한 우정 쌓기

신라 곳곳을 유람하며 나라 사랑하는 마음 갖기

노래, 악기, 춤, 무예를 배워 다재다능한 능력 갖추기

다섯 가지 계율 지키기

계율 중에 가장 중요한 건 전쟁에서 물러서지 않기!

내가 15세가 되던 해의 일이 생각나는군요. 그때 이사부 장군을 따라 대가야를 정벌하러 갔죠.

임금님은 내가 어리다며 말리셨지만 난 고집을 부렸지요.
화랑의 용맹함이 어떤 건지 꼭 보여 드리겠어요!

전투가 시작되자, 난 대가야의 성문인 전단량으로 돌진했어요.
낭도들이여, 절대 물러서지 말아라!

결국 우리는 대가야를 정벌했고, 난 큰 상을 받았어요.

난 밭은 병사들에게 나눠 주고, 포로는 모두 풀어 주었어요.
화랑 사다함은 용맹하면서 자비롭구나!
사다함 만세!

정말 신라의 화랑이 자랑스럽습니다!

가야 출신으로, 유명한 화랑이 된 사람이 있어. 누굴까?
① 김가야 ② 김유신 ③ 김금관

2 김유신

김유신은 금관가야의 마지막 임금이었던 구해왕의 증손자였어.
15세의 나이에 화랑이 되었고, 낭도들과 함께
산에 들어가 수련하며 큰 꿈을 꾸었어.

그 바람대로 김유신은 평생을 전쟁터에서 지내며, 신라를 지키는 장군이 되었지.
김유신처럼 용감한 화랑들이 있어서 신라는 더욱 크고 강한 나라가 될 수 있었어.

일곱

여왕

 신라는 우리 역사에서 여왕이 있었던 유일한 나라야.
그 이유는 무엇일까?

1 신라 여자들이 유난히 힘이 세서

2 신라 여자들이 똑똑해서

3 신라 왕족에 남자가 없어서

4 신라 사람들이 여왕을 좋아해서

3 신라 왕족에 남자가 없어서

신라에는 독특한 신분 제도인 '골품제'가 있었어.
왕족부터 평민까지 사람들의 신분을 8개 등급으로 나누는 거야.
그중에서 신라의 임금은 가장 높은 등급인 성골에서만 뽑았어.
성골은 '성스러운 뼈'란 뜻이야.
그런데 성골인 왕족이 갈수록 줄어들었어.

결국 진평왕 때에는 성골 남자가 아무도 없었지.
그래서 신라에 처음으로 여왕이 나타난 거야.

선덕 여왕은 무척 지혜로웠어. 당나라 태종이 보낸 모란 그림에 벌과 나비가 없는 걸 보고 모란이 향기가 없다는 걸 알아맞혔어. 진덕 여왕은 마지막 성골 임금이야. 그 뒤로 진골 중에서 임금을 뽑았어.

선덕 여왕은 자신을 얕보는 사람이 많자, 무엇을 했을까?
① 커다란 탑을 세웠다.　② 여자 신하를 많이 뽑았다.

1 커다란 탑을 세웠다.

선덕 여왕은 귀족들이 자신을 얕본다는 사실을 알았지.
다른 나라도 신라를 낮추어 보며 함부로 간섭하고 쳐들어왔어.
이를 막기 위해 선덕 여왕은 탑을 세우기로 마음먹었어.

임금의 위엄을 세우고, 신라를 지키기 위해 황룡사 9층 목탑을 만들자!

80m

높이가 무려 80미터.

- 고구려
- 여진
- 거란
- 말갈
- 백제
- 탐라
- 남중국
- 당나라
- 일본

대단하므니다! 와!

엄청 높다! 와!

대박!

선덕 여왕은 이 탑에 신라를 위협하는 나라 이름을 새겨 부처님의 힘으로 물리치게 해 달라는 소망을 담았지.

김춘추

 김춘추는 신라를 위기에서 구한 외교관이야.
어떤 위기였을까?

1 100만 년 만의 화산 폭발

2 백제의 공격

3 메뚜기 떼의 습격

4 이름 모를 전염병

2 백제의 공격

642년, 신라는 백제 의자왕의 공격을 받아 40여 개의 성을 빼앗겨 위기에 빠졌어. 김춘추는 곰곰이 생각하다가 말했어.

"제가 고구려에 가서 도움을 청하겠습니다."

"진흥왕 때 이후로 사이가 안 좋아서 위험해요."

하지만 김춘추는 그 방법밖에 없다며 고구려로 향했어.

"살아 돌아오시오."

"꼭 성공할 테다!"

김춘추는 고구려에 도착해 실력자인 연개소문을 만났어.

"백제를 그냥 두면 반드시 고구려를 칠 겁니다. 우리 함께 백제를 공격합시다!"

"한강 상류 땅을 돌려주면 생각해 보지요."

2 당나라 임금을 만나러 가기

김춘추는 648년 중국 당나라에 가서 태종을 만났어.

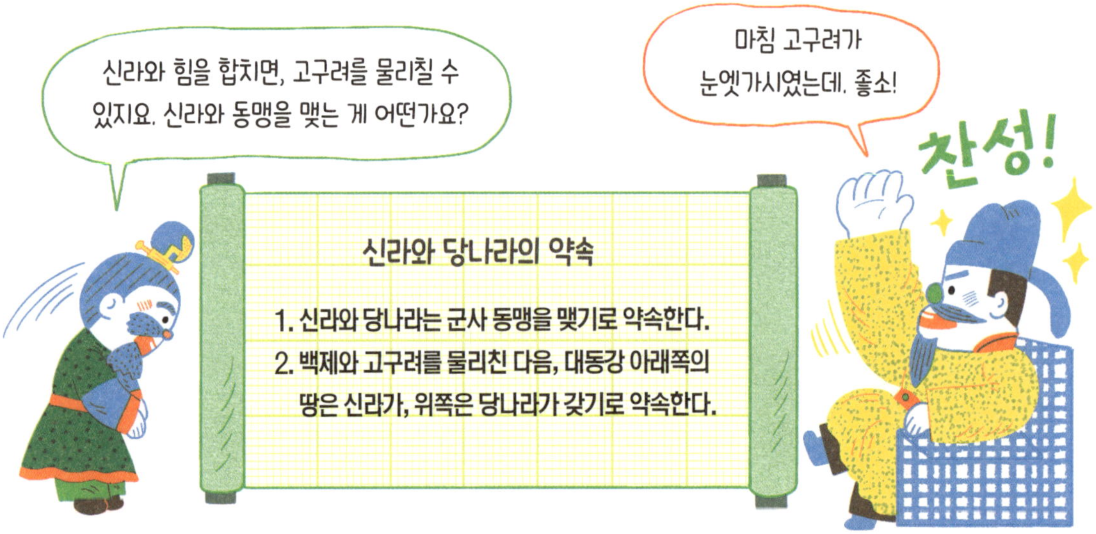

"신라와 힘을 합치면, 고구려를 물리칠 수 있지요. 신라와 동맹을 맺는 게 어떤가요?"

"마침 고구려가 눈엣가시였는데, 좋소!"

찬성!

신라와 당나라의 약속

1. 신라와 당나라는 군사 동맹을 맺기로 약속한다.
2. 백제와 고구려를 물리친 다음, 대동강 아래쪽의 땅은 신라가, 위쪽은 당나라가 갖기로 약속한다.

김춘추는 드디어 당나라의 협력을 받아 내는 데 성공했어. 이 동맹으로 신라는 위기에서 벗어날 수 있었어.

김춘추는 진골이었지만, 이런 노력을 인정받아 임금이 되었어. 그 임금이 바로 태종 무열왕이야.

"신라는 내가 구한다!"

아홉

통일 전쟁

신라가 삼국을 통일한 전쟁이야.
통일을 완성한 임금은 누굴까?

1 통이 아주 큰 왕

2 범 무서운 줄 모르는 하룻강아지 왕

3 매력이 철철. 윙크 왕

4 학문도 잘해, 무예도 잘해. 문무왕

4 학문도 잘해, 무예도 잘해. 문무왕

문무왕의 통일 전쟁 일기

660년 7월 11일 〈당나라 군대와의 기 싸움!〉

김유신 장군이 계백 장군과의 싸움에서 이겼다. 약속보다 하루 늦게 사비성에 도착했더니 당나라 장군 소정방이 우리 장수의 목을 베겠다고 난리를 피웠다. 하지만 김유신 장군의 호령에 금세 기가 꺾였다.

그랬다간 백제가 아니라 너희 당나라와 싸울 것이다!

660년 7월 18일 〈백제, 항복하다!〉

당나라군과 함께 사비성을 포위하자 의자왕은 겁을 먹고 달아났다가 붙잡혀 왔다. 한 나라가 무너지는 건 정말 순식간이구나.

항복!

668년 6월 27일 〈총공격이다!〉

연개소문의 동생 연정토가 우리 쪽으로 투항했다.
고구려가 흔들리고 있다는 증거다.
나는 20만 대군을 이끌고 바로 출발했다.

668년 9월 21일 〈고구려, 항복하다!〉

고구려군을 차례차례 무너뜨리고, 평양성에 도착했다.
북쪽에서부터 달려온 당나라군과 만나 평양성을 포위하자
보장왕이 항복했다. 드디어 고구려가 무너졌다.

아직 통일 전쟁은 끝나지 않았어. 왜 그랬을까?
① 겨울 추위와 싸워야 해서   ② 당나라가 약속을 어겨서

2 당나라가 약속을 어겨서

당나라는 고구려 정벌 뒤 물러나겠다는 약속을 어겼어.
문무왕은 당나라를 물리칠 전략을 세웠어.

전략 1 고구려 유민들과 한편 되기

우리끼리 싸우지 말자. 금마저(익산)에 작은 고구려 나라 만들어 줄게.

좋아!

전략 2 당나라에 약속을 지키라며 편지 보내기

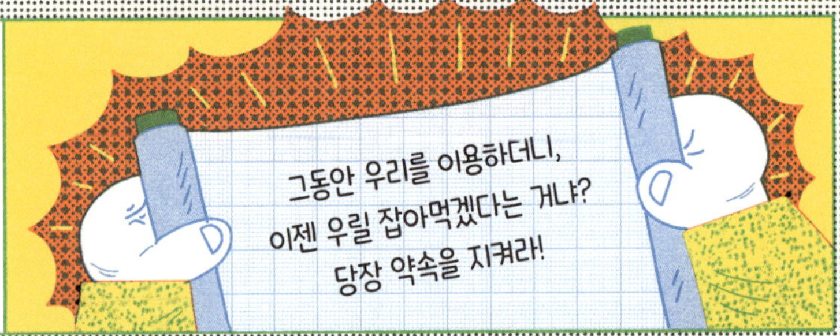

그동안 우리를 이용하더니, 이젠 우릴 잡아먹겠다는 게냐? 당장 약속을 지켜라!

전략 3 당나라와 맞서 싸우기

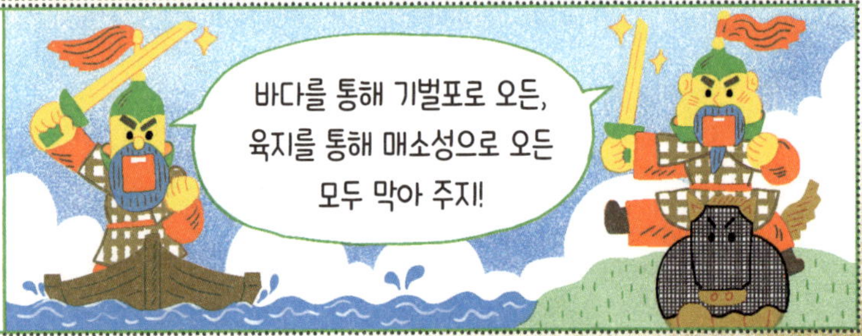

바다를 통해 기벌포로 오든, 육지를 통해 매소성으로 오든 모두 막아 주지!

신라는 매소성과 기벌포로 쳐들어온
당나라 군대를 크게 물리쳤어.
676년, 드디어 삼국 통일 전쟁이 끝나고
고구려, 백제, 신라는 한 나라가 되었어.

와, 드디어 통일이다!

황금의 나라

다른 나라에서는 신라를 황금의 나라라고 불렀어.
이유가 뭘까?

1 '황'씨가 많아서	2 "황! 황!" 하며 우는 금붕어가 있어서

3 임금을 황금이라고 불러서	4 황금으로 만든 물건이 많아서

4 황금으로 만든 물건이 많아서

신라는 황금이 많이 나고, 금을 다루는 기술이 뛰어났어.
아라비아에까지 알려져 신라를 황금의 나라라고 불렀지.

그릇까지 금이라니. 최고!

나뭇잎 모양 장식을 단 금 그릇

헝겊이나 가죽으로 된 모자 위에 썼던 금 모자

금목걸이, 금귀걸이, 금반지 3종 세트

치마 위에 두르는 금 허리띠

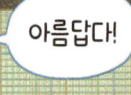

아름답다!

귀걸이 좀 봐!
금실과 금 알갱이로 꽃무늬를 장식했어. 정말 대단해!

화려한 금장식 허리띠를 치마 위에 둘러 볼까?
황금 치마로 변신! 허리띠에 매달린 장식들은 뭘까?

먹을거리 걱정을 없애 준다는 물고기

질병을 막아 준다는 약병

아이를 많이 낳게 해 준다는 굽은옥

신라에는 금으로 만든 이 물건도 많았어. 뭘까?
① 금으로 만든 안경   ② 금으로 만든 핸드백   ③ 금관

3 금관

지금까지 발견된 신라의 금관은 모두 6개로, 삼국 중 가장 많아.
그 당시 금관은 왕이나 왕비처럼 아주 특별한 사람만 썼는데,
신라의 힘이 강해질수록 금관도 점점 화려해졌지.

둥근 금테 위에 다섯 개의 가지가 솟은 독특한 모양이야.

어떤 금관은 반짝거리는 장식인 달개의 수가 382개나 된대. 엄청나지?

신라는 더 이상 누구도 함부로 넘보지 못할 강한 나라가 됐어.
이제 통일된 나라에서 새로운 미래를 열어 갈 거야.

먼저 빈칸에 신라 열 단어를 적어 봐!

신나는 요리 시간!

사로국은 서라벌에 있는 ◯◯ 마 을 에서 시작됐어.

여인들이 한 달 동안 길쌈 시합을 하는 ◯◯ 가 있었지.

지증왕이 나라 이름을 신라로 바꾸고, 삼국 중 ◯◯에서 탈출했어.

신라 백성들은 호 국 ◯◯로 똘똘 뭉쳐, 외부의 적에 맞섰어.

진흥왕은 정복한 땅에 ◯◯◯를 세웠고, 신라의 땅이 세 배쯤 넓어졌어.

청소년들은 ◯◯◯에 가입해 신라를 이끌 인재로 자랐어.

성골 남자가 없자, 신라 최초의 ◯◯인 선덕 여왕이 탄생했어.

백제가 신라를 위협하자, ◯◯◯가 당나라에 도움을 청하러 갔어.

신라는 당나라와 함께 ◯◯ 전 쟁 을 일으켜, 삼국을 통일했어.

신라는 아라비아에까지 ◯◯◯◯로 이름을 떨쳤어.

정답: 여섯 마을, 가배, 꼴찌, 호국 불교, 순수비, 화랑도, 여왕, 김춘추, 통일 전쟁, 황금의 나라

하나

수로왕

 금관가야의 첫 번째 임금이야.
수로왕의 탄생과 관련된 동물은 뭘까?

1 느릿느릿 거북

2 사자, 호랑이가 섞인 라이거

3 환상의 동물 유니콘

4 산호초에 사는 흰동가리

① 느릿느릿 거북

수로왕의 탄생 이야기를 들어 볼래?
어느 날 변한의 부족장들이 모여 있는데
어디선가 신비한 소리가 들렸어. 부족장들은
그 소리가 시키는 대로 거북 모양 봉우리로 가서
춤추며 노래를 불렀지.

하늘이 내게 이곳에 내려가 임금이 되라고 하셨다.

내 말대로 하면 너희는 임금을 얻게 될 것이다.

오, 드디어 우리에게도 임금이 생기나?

하늘이 우리를 돌보시는 거야!

거북아 거북아 머리를 내밀어라.
내밀지 않으면 구워 먹겠다.

그러자 하늘에서 붉은 보자기에 싸인 황금 상자가 내려왔어.
부족장들은 두근두근하며 황금 상자를 열었어.

얼마 뒤, 알이 하나씩 깨어지더니 잘생긴 사내아이들이 나왔어. 그중에서 수로가 가장 빼어났어. 키도 커서, 15일 만에 약 2미터까지 자랐지. 수로는 성을 김씨로 정하고 금관가야를 다스리는 임금이 되었어.

나머지 다섯 아이는 어떻게 되었을까?
① 하늘로 다시 올라갔다.   ② 모두 임금이 되었다.

2 모두 임금이 되었다.

알에서 나온 나머지 다섯 아이도 대가야, 성산가야, 아라가야, 고령가야, 소가야의 임금이 되었어. 이 다섯 나라와 임금이 없는 작은 나라는 수로왕이 다스리는 금관가야를 중심으로 '가야'라는 연맹을 이루어 돕고 살았어.

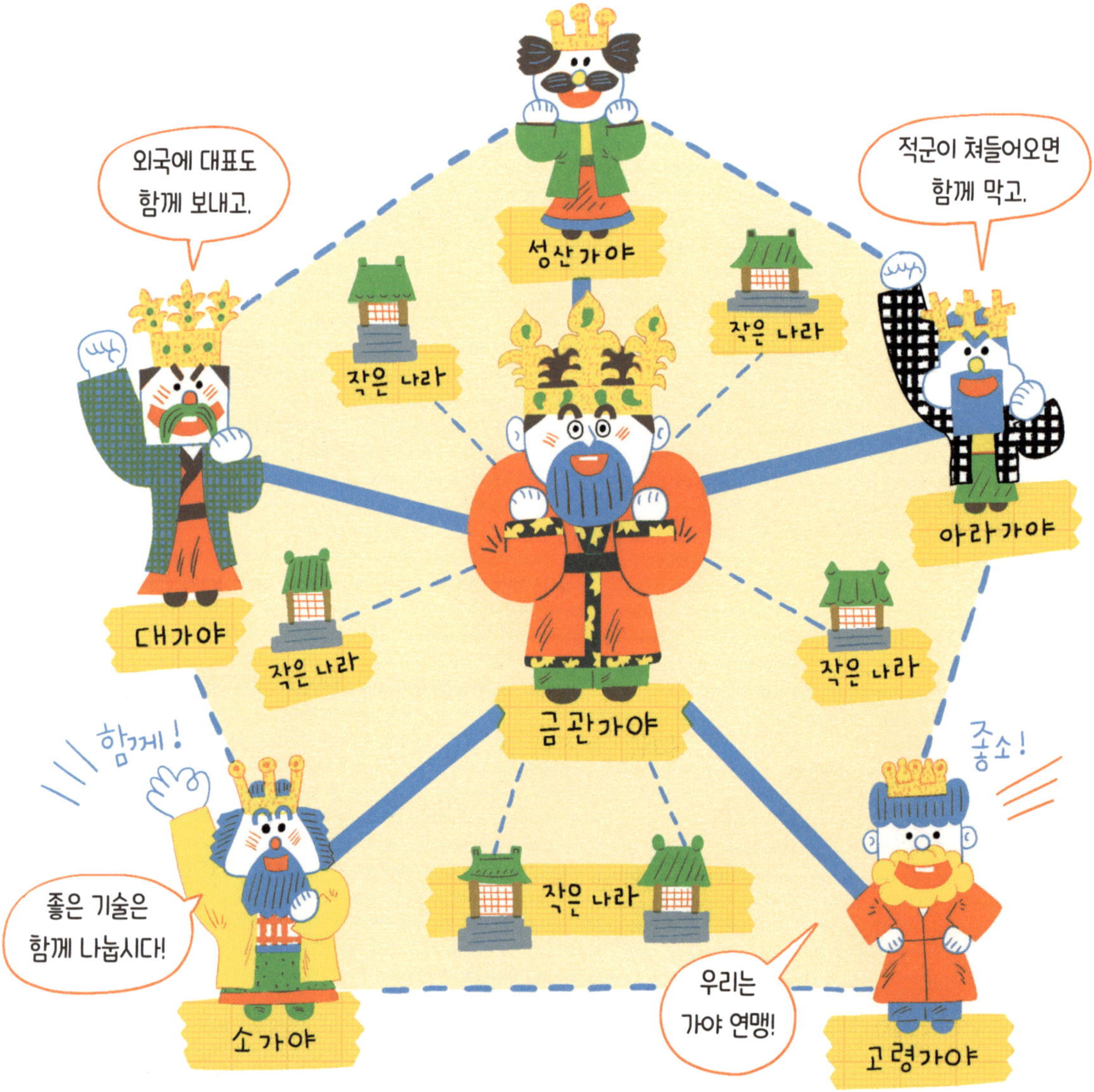

금관가야

 초기에 가야 연맹을 이끌었던 나라야.
금관가야는 어디에 있었을까?

1 황금이 가득한 금광

2 남해 바닷가의 김해

3 잘못 알아서 미안한 오해

4 공기가 나쁜 공해

2 남해 바닷가의 김해

수로왕이 세운 금관가야는 김해 지역인 낙동강 하구에 있었어. 이곳은 바다로 드나들기가 좋고, 농사지을 땅도 넓었어. 수로왕은 나라를 잘 다스리고 싶어 신하들에게 물었어.

수로왕은 임금 체면에 궁궐이 없는 건 좀 그랬지만 한창 농사지을 시기여서 궁궐 공사를 미루었어. 백성들이 바쁜 농사일을 끝낼 때까지 기다린 거지. 이 일로 백성들 사이에서 수로왕이 너그럽다고 칭찬이 자자했어.

수로왕은 금관가야를 공격한
신라 탈해왕도 물리쳤어.
그러자 이런 이야기가 돌기도 했어.

수로왕은 부인도 특별했어. 어떤 사람일까?
① 안드로메다 외계인 ② 인도 공주 ③ 아프리카 원주민

2 인도 공주

수로왕이 늦게까지 결혼하지 않자 신하들이 말했어.

"하늘이 정한 짝이 곧 올 거야."

"어서 왕비를 들이셔야 합니다."

그러던 어느 날 김해 바닷가에 붉은 돛을 달고 붉은 깃발을 휘날리는 배가 도착했어. 배에는 인도 아유타국에서 온 공주가 타고 있었어.

수로왕은 인도 공주를 신부로 맞아 결혼했어. 왕비가 된 공주는 허황옥으로 이름을 바꾸었지. 둘은 우리나라 김씨와 허씨의 첫 조상이 되었어.

"난 김해 김씨!"

"난 김해 허씨!"

셋

철기 공장

가야는 거대한 철기 공장 같았어.
철기 중 수출품으로 인기 있었던 것은 뭘까?

1 초대형 잠수함

2 로봇 청소기

3 길쭉 납작한 덩이쇠

4 옷 꿰매는 바늘

3 길쭉 납작한 덩이쇠

꼬마 대장장이 철이의 공방 일기

○○월 ○○일

요즘 최고의 인기 직업은 철을 다루는 대장장이!
나는 대장장이가 되기 위해 철기 공방에 갔다.
한쪽에 덩이쇠가 한가득 쌓여 있었다.
아하, 녹여서 낫이든 칼이든 원하는 걸
맘대로 만들 수 있는 쇳덩어리구나.
덩이쇠는 돈 대신 쓸 수도 있다고 하던데···

어떤 철기든 만들 수 있어요!
가야산 최고급 수출품, 덩이쇠!

○○월 ○○일

오늘은 철제 갑옷 만드는 걸 보았다.
가야의 철제 갑옷이 뛰어나 주변 나라에서 그렇게 부러워한다나.
단단한 철판을 마치 천 다루듯 하다니.
난 결심했다. 세상에서 제일 멋진 철제 갑옷을 만들 거야!

1 얇은 철판을 여러 장 준비하기

2 몸통 모양 틀 위에 철판을 올리고 두드려 모양 잡기

3 철판에 작은 구멍을 뚫어 못으로 이어 붙이기

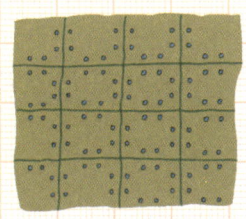

4 몸통과 어깨를 끈으로 연결하기

가야의 철제 갑옷은 누가 사용했을까?
① 로마 병사　② 가야 병사　③ 광부

2 가야 병사

가야는 철이 많이 나고 무역하기에도 좋아서, 주변 나라가 자주 쳐들어왔어.
그래서 가야 군대는 여러 철제 무기를 개발하고,
철제 갑옷으로 무장했지.

철제 갑옷이
화살도 막고 칼도 막아서
전쟁터가 두렵지 않아!

나중에 가야는 여자 병사로 이루어진 부대도 만들었어.
아마도 우리나라 최초의 여군이 아닐까?

핫 플레이스

금관가야는 주변 나라들 사이에서 핫 플레이스였어. 왜 그랬을까?

1 유명한 음식점이 많아서

2 물건을 사고팔러 온 사람들이 많아서

3 멋쟁이들이 많아서

4 뜨끈뜨끈한 온천이 있어서

2 물건을 사고팔러 온 사람들이 많아서

금관가야에 온 중국 사신의 여행기를 살펴볼까?

중국 사신의 금관가야 여행기

금관가야는 중간이라 딱 좋아!

일본 임금을 만나러 가는 길이다.
낙랑부터는 바닷길로 일본에 가야 한다.
금관가야에 잠시 들러야지.
그곳은 중국과 일본을 오가는
사신들의 쉼터다.

나, 중국 사신.

낙랑
일본
금관가야

금관가야에서 식량도 보충하고, 필요한 물건도 산 뒤 다시 출발해야지.

1 낙랑

낙랑 지역은 고조선이 망한 뒤, 중국이 다스리고 있었어. 그래서 중국 사람들이 많이 살았고, 중국 한나라에서 들여온 진귀한 물건이 많았지. 금관가야는 낙랑 사람들이 가져온 중국 물건을 사서 일본과 이웃 나라에 되팔아 큰돈을 벌었어.

그러다 고구려가 낙랑 지역을 정복하고, 중국 사람들을 한반도에서 내쫓아 버렸어. 그러자 금관가야에는 낙랑을 통해 들여오던 중국 물건이 뚝 끊기고, 사람들의 발길도 줄었어.

다섯

휘청휘청

 잘나가던 금관가야가 휘청휘청했어.
무슨 일이 있었을까?

1 외계인이 침공했다.

2 전쟁이 일어났다.

3 쥐가 곡식을 모두 먹어 버렸다.

4 지진이 일어났다.

2 전쟁이 일어났다.

금관가야는 가야 연맹의 대표로 외국과 무역하고, 들여온 물건을 주변 나라에 나눠 줬어. 하지만 낙랑이 무너진 뒤, 금관가야는 주변 나라에 나눠 주던 물건을 뚝 끊었어. 그런데도 계속 가야 연맹의 대표 노릇을 하려고 하자, 여덟 나라가 반기를 들었어.

금관가야는 신라의 도움으로 겨우 이들을 물리치기는 했지만 그 뒤로 신라의 눈치를 보며 살아야 했어.
그런데 마침 일본이 신라를 공격한다는 거야.

하지만 신라를 도우러 온 고구려군이 도망가는 일본군을 쫓아 금관가야까지 쳐들어왔어. 금관가야는 잿더미가 되었고, 고구려에 낙동강 뱃길도 빼앗겼어. 금관가야는 더 이상 가야 연맹에서 큰소리를 낼 힘이 없어졌어.

살길이 막막해진 금관가야 사람 일부는 외국으로 떠났어. 어딜까?

① 인도　　② 일본　　③ 미국

2 일본

금관가야 사람들은 살길을 찾아
일본으로 건너갔어. 그릇 만드는 도공들은
그곳에서 토기 만드는 법을 전해 줬어.

토기 만드는 법

"구덩이에서 굽는 것보다 가마에서 구우면 토기가 훨씬 단단해요."

오!
아하!

"가야식으로 만든 토기를 스에키(쇠로 만든 토기)라고 부르겠스므니다."

"탁탁, 쇳소리가 나므니다."

철기 기술자들은 쇠 만드는 기술을 전해 줬지.
그래서 일본 무덤에서는 가야의 철제품이 많이 발견돼.

여섯

대가야

고구려의 공격이 미치지 않았던 나라야.
대가야는 어디에 있었을까?

1 높고 높은 구름 속

2 깊고 깊은 땅속

3 지도에도 없는 무인도

4 내륙 깊숙한 곳

4 내륙 깊숙한 곳

대가야는 지금의 고령 지역에 있었어. 금관가야 사람들은 고구려의 공격을 피해 대가야로 향했어.

철기 기술자들이 모여들자, 철기 공장은 금관가야가 아니라 대가야로 바뀌었어.

대가야의 임금은 나라의 힘을 더욱 키우고 싶었어.

섬진강 유역은 백제 땅이었어. 그 당시 백제는 고구려군과 싸우느라 정신이 없었지. 대가야군은 섬진강 유역을 기습 공격했어.

섬진강을 차지한 대가야는 이곳의 뱃길을 이용해 중국과 교류를 시작했어.

중국에 사신을 보낸 대가야 임금은 누굴까?

① 가지 왕　　② 하지왕　　③ 돼지 왕

ㄹ 하지왕

하지왕은 중국 제나라에 사신을 보내 대가야를 알렸어.

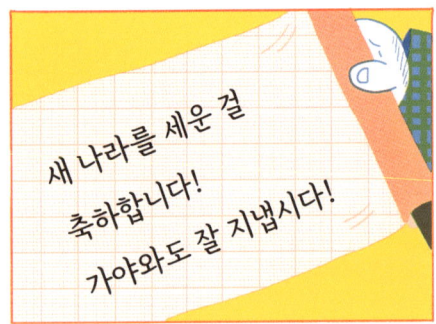

중국과 직접 무역을 하며 힘도 키웠지. 어느새 대가야를 중심으로 한 가야 연맹은 고구려, 백제, 신라와 어깨를 나란히 하게 되었어.

가야 미인

가야 사람들은 다양한 방법으로 꾸미길 좋아했지.
어떻게 꾸민 사람이 가야 미인일까?

1 머리에 꽃을 많이 꽂은 사람

2 발 냄새가 심한 사람

3 앞쪽 머리를 납작하게 만든 사람

4 도깨비 분장을 한 사람

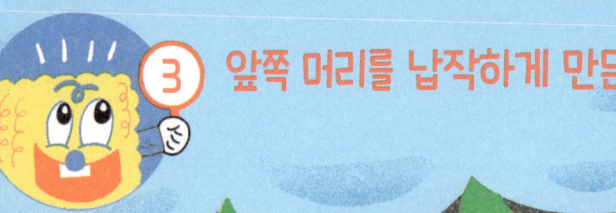

3 앞쪽 머리를 납작하게 만든 사람

가야 미인

앞쪽 머리는 납작, 뒤통수는 불룩해야 미인이야. 나처럼 되려면, 아기 때부터 머리 앞쪽을 돌로 눌러 놓아야 해. 이걸 편두라고 하는데, 좀 위험한 방법이긴 하지.

난 앞니가 없어. 마을을 다스리는 자리에 오른 뒤 앞니를 뺐지. 어떤 어려움이 닥쳐도 잘 헤쳐 나가겠다는 다짐 같은 거야. 나, 멋지지 않아?

1 바닥이 땅과 떨어진 모양

가야 사람들은 땅에 기둥을 박고
그 위에 집을 지었어.
이런 집을 고상 가옥이라고 해.
주로 곡식을 보관하는
창고로 많이 사용했지.

가야 사람들은 사용하는 그릇 하나에도 개성을 담았어.
구멍이 뚫린 아래쪽에 숯을 넣고 음식을 데워 먹었는지도 몰라.
가야 사람들의 사는 모습이 정말 다채롭지?

여덟

가야금

가야에서 만든 우리나라 고유의 악기야.
누가 만들었을까?

1 오세요 왕	2 마실 왕

3 누울 왕	4 가실왕

4 가실왕

가실왕은 늘 한 가지 생각뿐이었어.

'가야 연맹의 여러 나라를 어떻게 하나로 모을까?'

고민에 빠져 있던 어느 날 밤 아름다운 연주 소리를 듣게 되었어.

가실왕은 오동나무로 앞뒤 판을 만들고, 명주실을 꼬아서 열두 줄을 달게 했어.

그리고 악사 우륵을 불러 명했어.

가야 연맹을 하나로 모을 수 있는 가야금 연주곡을 지어라.

우륵이 만든 연주곡은 몇 개일까?

① 12개　　② 1,000개　　③ 만들지 못했다.

1 12개

우륵은 12개의 곡을 만들었어. 노래 제목에는 열두 나라의 이름을 붙였지.
하늘 신에게 제사를 지내는 날, 가야 연맹의 임금이 모두 모였어.
드디어 우륵이 만든 열두 곡이 울려 퍼졌어.
이 음악 덕분에 가야 연맹은 하나로 똘똘 뭉쳤어.

하지만 얼마 안 가 가실왕은 힘을 잃었어.
그리고 백제가 가야를 공격해 왔어.

아홉

끼인 나라

 가야는 양쪽 나라에 끼어 힘들었어.
어떤 나라에 끼었을까?

1 백마와 흑마 나라

2 백제와 신라

3 식빵과 모닝빵 나라

4 단추와 실 나라

 ❷ 백제와 신라

 백제와 신라 사이에 끼인 나라, 가야의 이뇌왕님 안녕하신가요?

 안녕 못 해요. 어쩌다 두 나라 사이에 자리를 잡았는지. 아, 정말 죽을 맛입니다.

 신문마다 크게 기사가 실렸더군요.

가야 신문

백제와 신라, 번갈아 가야를 공격하다!

 원통합니다. 얼마 전에는 백제에 엄청 중요한 곳도 빼앗겼지요.

그곳이 어딘가요?

바로 섬진강이죠. 외국 상인들이 이곳을 거쳐 들어오거든요.

안됐군요. 복수할 계획을 세우셨나요?

당연하죠. 좀 쑥스럽지만, 신라 법흥왕에게 제안해 결혼 동맹을 맺고, 왕족 여인을 왕비로 맞았습니다.

아하, 결혼식 사진이군요.

네, 이제 신라와 손잡고 백제에 복수할 겁니다.

이뇌왕과 신라 왕족의 여인 사이에서 왕자가 태어났어. 누굴까?

① 월광태자　　② 햇빛태자　　③ 별빛태자

1 월광태자

월광태자가 태어나자 겉으로 보기엔
가야와 신라의 동맹이 더 단단해지는 것 같았지.
하지만 이뇌왕과 달리 신라 법흥왕은 딴 속셈이 있었어.

> 백제는 관심 없어.
> 난 가야를 염탐할
> 계획이거든.

> 어서 백제를
> 공격합시다!

내가 보낸 첩자

그러던 어느 날 신라가 괜한 트집을 잡았어.
결혼 때 함께 보낸 100명의 시종에게 신라 옷이 아닌 가야 옷을
입게 했다고 말이야. 이걸 어떻게 알았냐고?
시종들이 몰래 가야 사정을 신라에 보고하고 있었거든.
이제 가야에 무슨 일이 일어날까?

열

도미노

 가야의 여러 나라는 도미노처럼 무너졌어.
어떻게 무너진 걸까?

1 쥐도 새도 모르게 무너졌다.

2 한꺼번에 폭삭 무너졌다.

3 스르르 녹아 무너졌다.

4 차례차례 무너졌다.

4 차례차례 무너졌다.

대가야의 임금은 신라 임금의 편지를 받고 깜짝 놀랐어.

아니나 다를까, 신라군 3천 명이 금관가야를 공격하더니, 주변 나라도 공격했어. 가야 연맹의 나라들이 차례차례 무너졌지.

 ## 2 김유신

가야가 멸망한 뒤, 월광태자는 산속으로 들어가 버렸어.
하지만 신라에 가야의 문화를 전하고 큰 일을 한 사람들도 있었어.

김유신
금관가야의 마지막 임금인 구해왕의 증손자야. 난 신라에서 제일가는 대장군이 되어 삼국을 통일하는 데 아주 중요한 역할을 했지.

우륵
난 가야의 음악을 신라에 전해 주었어. 내가 가야금을 연주했던 충주 탄금대는 나중에 무척 유명해졌다는군.

강수
난 신라에서 문장을 잘 쓰는 사람으로 유명했어. 중국 당나라에서 온 외교 문서를 해석하고 답장하는 일을 도맡아 했지.

신나는 요리 시간!

먼저 빈칸에 가야 열 단어를 적어 봐!

◯◯왕은 가야의 첫 번째 임금이야.

초기 가야 연맹을 이끈 나라는 김해 지역의 ◯◯◯◯야.

가야의 ◯◯◯◯에서는 덩이쇠와 철제 갑옷을 만들었어.

금관가야는 철을 사러 온 사람들로 북적이는 핫 ◯◯◯◯였어.

금관가야가 가야 연맹의 반란과 고구려와의 전쟁으로 ◯◯◯◯했어.

후기 가야 연맹을 이끈 나라는 고령 지역의 대◯◯야.

앞쪽 머리가 납작한 편두여야 ◯◯ ◯◯으로 불렸지.

가실왕은 ◯◯◯을 만들고, 우륵에게 12개의 연주곡을 짓게 했어.

가야는 백제와 신라 사이에 ◯◯ 나 라로, 두 나라의 공격을 받았어.

결국 가야 연맹은 신라에 ◯◯◯처럼 차례차례 무너졌어.

정답: 수로왕, 금관가야, 철기 공장, 핫 플레이스, 휘청휘청, 대가야, 가야 미인, 가야금, 끼인 나라, 도미노